AF267871

LA COMBE DE LOURMARIN

LA COMBE DE LOURMARIN

(VAUCLUSE)

ÉTUDE

DE

STRATÉGIE ANCIENNE ET DE FORTIFICATION

PAR

C. MOIRENC

MARSEILLE

TYPOGRAPHIE MARIUS OLIVE

RUE SAINTE, 39.

1875

LA COMBE DE LOURMARIN.

(VAUCLUSE).

ÉTUDE DE STRATÉGIE ANCIENNE ET DE FORTIFICATION.

I.

Lorsque, en écrivant l'article de *Tourrelles et Clermont* dans nos *Promenades aux environs d'Apt*, nous faisions remarquer un type d'architecture militaire commun à quelques anciens châteaux-forts dont nous donnions la description, nous étions loin de nous douter que l'étude de ce type devait nous conduire à la découverte bien plus interessante du système que les anciens habitants de la contrée avaient adopté pour la défense du passage ou défilé de la *Combe* dite de Lourmarin. Ce fut en interrogeant ces ruines, ce fut en visitant d'autres ruines semblables que, frappé de leur multiplicité et de leurs positions réfléchies, nous fûmes amenés à nous demander quel avait dû être leur mobile et à quoi avait dû servir ce grand appareil guerrier dans une zône de territoire relativement exigüe. L'origine de tous ces châteaux-forts que nous avions, au premier abord, attribué à la féodalité primitive. nous apparut alors dans toute sa vérité. C'était la défense du pays qui en avait fait tous les frais.

La montagne du Luberon, *Louerio*, d'après Strabon, dont la plus grande altitude est de 1125 mètres, sépare et domine, dans l'arrondissement d'Apt, les vallées de la Durance et du Caulon. Cette montagne, qu on a dénommé aussi *les Alpes de Provence* en considérant l'ensemble de la chaîne dont la structure affecte d'ailleurs une grande simplicité, a son origine aux Taillades, près de Cavaillon, et elle se termine sur le bord du Largues, à Volx, dans le département des Basses-Alpes. Sa direction est donc de l'ouest à l'est. Pour passer de l'une dans l'autre de ces deux vallées, on trouve une coupure transversale, très étroite, à peu près vers le milieu de cette montagne. Cette coupure, dans laquelle le ravin d'Aigues-Brun a tracé son cours cotoyant aujourd'hui une belle voie moderne qui ne dépare en rien les effets de la nature et lui doit au contraire des tons plus vigoureux, cette coupure, disons-nous, se dirige sensiblement du sud au nord en remontant le cours de ce ravin ; puis, après avoir traversé le Luberon, proprement dit, les vallons secondaires se multiplient et le principal, celui d'Aigues-Brun, se dirige ensuite de l'ouest à l'est en longeant le pied de la montagne jusques au territoire d'Auribeau, après avoir traversé ou longé les communes de Bonnieux, de Buous et de Sivergues. La coupure tranversale de la montagne est ce qu'on appelle communément la Combe de Lourmarin.

Les vallons secondaires situés à gauche en remontant la petite vallée d'Aigues-Brun, viennent tous aboutir sur un vaste plateau arqué, dit de Claparèdes, dont les extrémités se rattachent au Luberon par deux cols, et qui enserre complètement cette petite vallée qu'il sépare de la vallée principale dite du Caulon.

Un autre passage de la montagne, moins facile, mais naturel comme le premier se trouve près de Montfuron (Basses-Alpes). C'est le *col des Granons* où aboutissent aujourd'hui les routes venant de Manosque et de Pertuis.

Avant d'aller plus loin, disons en passant qu'en principe et longtemps après les premiers temps historiques, le pays formant actuellement les départements des Basses-Alpes et de Vaucluse, n'était qu'une vaste forêt impénétrable aux armées ; les vallées seules étaient habitées et cultivées ; elles présentaient seules aussi un accès pour arriver dans le cœur du pays ; or, toute la stratégie de l'époque devait tendre à défendre ces vallées et créer des difficultés sans nombre aux armées envahissantes. On comprendra donc aisément l'intérêt capital qui dût guider et porter les populations à garder soigneusement la porte principale du pays ouverte à travers le Luberon, soit la Combe de Lourmarin. De là cette triple ceinture de forts dont l'aspect nous avait tout d'abord frappé d'étonnement.

Nous n'hésiterons pas à donner la priorité de ce système de défense aux Gaulois, que l'on considère comme les premiers habitants du pays, nous n'en voulons pour preuves que la forme de division toute particulière des anciens diocèses, sorte de petits gouvernements que les Romains trouvèrent établis dans les Gaules, et à la tête desquels ils placèrent des proconsuls. Cette forme de division particulière était tout simplement une langue de terre dépassant les limites naturelles de ces gouverments et s'avançant en pointe d'un diocèse dans un autre, à l'entrée ou à la partie commune des vallées, à la naissance d'un col, partout enfin où la topographie des lieux le commandait. Cette langue de terre formait ainsi une tête de défense généralement triangulaire et affectait aussi de vouloir arrêter la descente d'un ennemi commun habitant au-delà des monts Alpins. La conquête des Gaules par les Romains fut donc pressentie de bonne heure par les barbares habitants de nos contrées. On remarque une tête de défense au col des Granons, où le diocèse d'Aix dépassant là le Luberon formait un triangle dont les pointes Montjustin, Reillane et Villemus étaient destinées à garder le passage qui a été indiqué plus haut. Le diocèse de Cavaillon s'avançait dans la vallée du Caulon, en un triangle, dont les pointes fortifiées étaient Gordes, Goult et Menerbes. C'était en quelque sorte un système mutuel de conservation combiné avec les difficultés naturelles du sol, et édifié là où les révolutions terrestres avaient facilité un accès pour pénétrer d'un gouvernement dans un autre.

Les cités celtiques étaient donc établies pour défendre l'entrée du territoire, de sorte que la reddition de ces châteaux-forts entraînait naturellement la conquête du pays dont ils étaient les sentinelles avancées. Les villes d'Avignon et de Cavaillon furent élevées à la limite du territoire des Cavares, dans des positions telles qu'on ne pouvait pénétrer de ce côté, dans le cœur du pays, sans s'être au préalable emparé de ces points stratégiques. Vaison, Carpentras, Saint-Paul-Trois-Châteaux, établies vers la limite des Cavares étaient autant de places fortes destinées à garder respectivement l'accès des terres des Voconces, des Méminiens, des Tricastins. Ainsi donc au lieu de chercher dans l'intérieur des terres, les principales villes des peuplades celtiques on les trouve le plus souvent placées à la limite de ces terres pour les défendre contre toute invasion. — L'exemple que nous donnons ici ne doit pas être un cas isolé particulier à notre région ; cette disposition est trop naturelle pour ne pas se généraliser.

Le diocèse d'Apt n'allait pas au-delà de l'entrée de la Combe de Lourmarin, dans la vallée de la Durance, du moins les limites connues de ce diocèse, depuis un temps immémorial, ne dépassaient pas, de ce côté, la crête supérieure du Luberon. Pline le naturaliste, qui mourût l'an 79 de l'ère chrétienne, est le seul géographe de l'antiquité qui ait fait mention, au titre de leur ville, des *Vulgientes*, peuplade ou *pagus* celtique habitant la vallée du Caulon, *Caudaleo*. De l'ensemble des faits présentés par les divers géographes latins, on trouve que ce pagus avait pour voisins : à l'Est : les *Tricoriens* méridionaux, dénommés *Albienses* ou montagnards et habitant la rive droite de la Durance dans les contrées de Manosque, de Forcalquier et de Sisteron ; au nord, la peuplade des Vulgientes était limitée par les *Voconces* ; les *Cavares* la bornaient à l'ouest et le Luberon les séparait des *Saliens* au sud. On sait aussi que la ville de Cadenet était, avant la conquête, la plus forte place d'une peuplade, qu'on dénommait les *Caudellenses* Cette peuplade, dont la divinité topique s'appelait *Dexivæ*, devait être aussi un pagus d'un gouvernement séparé de celui des Saliens et de celui des Vulgientes ses voisins, et malgré qu'on trouve, dès les premiers temps historiques, son territoire confondu dans le diocèse d'Aix, cette peuplade devait avoir avec les Vulgientes une sorte de confraternité dont on a trouvé des traces évidentes dans bien des occasions, et, ce qui le prouve encore plus, c'est que ce petit gouvernement faisait à lui seul les frais d'une tête de défense permanente pour garder l'entrée de la Combe de Lourmarin, chemin unique pour pénétrer de ce côté chez les Vulgientes. Il pourrait bien se faire encore que le territoire des Caudellenses s'étendît à travers le Luberon jusqu'au plateau des Claparèdes, que ce plateau fut la limite ancienne des Aptésiens, et que plus tard, sous la période gallo-romaine, les diocèses d'Aix et d'Apt se fussent partagés le petit gouvernement des Caudellenses.

Les fleuves, les rivières importantes et même les simples cours d'eau ont toujours fait, sauf de rares exceptions, les limites naturelles des peuples primitifs, non pas que ces peuples fussent impuissants à maîtriser ces rivières, mais parceque mieux que la crête d'une chaîne de montagnes, elles servaient de lignes de démarcations

La Durance fut pendant longtemps la limite, au nord, de la confédération salienne ou salluvienne. Strabon nous apprend que ce peuple fit une expédition militaire jusqu'au Luberon avec dix corps d'armée, comprenant non-seulement des fantassins mais encore de la cavalerie. Cette expédition amena très-probablement la conquête faite par les Saliens, d'après Strabon, des terres comprises entre la Durance et le Luberon, depuis Cavaillon jusqu'à Manosque; ils reculèrent leurs limites de ce côté, après avoir châtié quelques peuplades d'une confédération voisine dont la dénomination est demeurée inconnue, et parmi lesquelles on ne connait que le pagus des Caudellenses Cette hypothèse à laquelle s'ajoute, après le fait accompli, le témoignage de Strabon, semble résoudre le problème historique.

D'ailleurs, de tous les géographes de l'antiquité, Strabon qui mourut vers l'an 28 de notre ère, est le premier qui ait parlé de la géographie des Gaules; or, le fait qu'il signale avec tant de laconisme est tout au moins contemporain de son siècle, et antérieur naturellement à l'invasion : il s'ensuit de là qu'après lui les autres géographes ont dû se taire sur un événement qui n'était pas de leur époque, et sans entrer dès lors dans aucun détail, ils ont donné de fait pour limite le Luberon aux Saliens.

Quoiqu'il en soit, et pour en revenir à nos études stratégiques, l'entrée de la Combe de Lourmarin était défendue, dans la vallée de la Durance, par un quadrilatère dont les pointes fortifiées étaient Lourmarin, Lauris, Cadenet et Cucuron. Ces pointes fortifiées ont été l'origine des villages qui portent ces noms ; on y trouve des traces de l'occupation romaine, mais leurs anciens châteaux-forts ont subi, dans le cours des siècles postérieurs, des changements qui ne peuvent permettre aujourd'hui d'en étudier la structure primitive. Les côtés de ce quadrilatère étaient garnis, là où besoin était, de forts secondaires qui ont complètement disparu et au nombre desquels on peut compter le *Castellar* sur un des coteaux au bas desquels coule le torrent de Laval, à l'Est de Cadenet, et le *Jas de Puyvert* vers le confluent de l'Aigues-Brun dans la Durance. A gauche de l'entrée de la Combe de Lourmarin, un peu au-dessus du moulin à farine du pont Peyre, est un quartier qu'on appelle le *Fort Sarrasin*, où l'on a trouvé beaucoup d'antiquités romaines.

Défendre l'entrée de la Combe de Lourmarin, du côté du village de ce nom, était une mesure prise aussi bien contre Rome que contre Massilie, en tant que de simples trafiquants, les phocéens, fussent devenus guerriers par amour de conquête. La Durance n'était pas un obstacle aux armées ; si elle n'était guéable, pas plus alors qu'aujourd'hui sur aucun point dans la contrée, on pouvait la franchir rapidement au moyen de bâteaux construits spontanément sur l'une de ses rives ; il était donc assez naturel que les peuples se méfiassent de ces voisins entreprenants. Un conflit mercantile pouvait amener une guerre et l'invasion ; aussi ces peuples s'étaient prémunis contre toutes les éventualités.

Pour mieux comprendre encore l'importance du défilé de la Combe de Lourmarin, il suffit de dire qu'il n'était pas possible, sous les deux périodes celtique et gallo-romaine, et même longtemps après, de tourner le Luberon par Mérindol et Cheval-Blanc. Outre que les eaux rapides de la Durance venaient alors battre le pied des côteaux qui servent là de contreforts à la montagne, ces côteaux, depuis Lauris jusqu'à Mérindol, et même au-delà, étaient tellement accidentés, comme ils le sont du reste encore, et tellement couverts de bois épais, que tout passage y devait être impraticable. Après Cheval-Blanc, venait Cavaillon, boulevard des Cavares et principal comptoir de commerce de Massalie, qui par cela même devait être fortifié de manière à être à l'abri d'un coup de main. Cette place forte assise alors sur le versant oriental du *Mont Caveau*, presque entourée alors par les eaux de la Durance (1) et du Caulon, devait aussi empêcher sur ce point toute entreprise venant du côté des Salluviens.

Après la conquête, les Romains trouvant cet état de choses établi durent le conserver dans le même but défensif que l'avaient créé les peuples subjugués, autant contre un retour offensif de ces derniers que contre un ennemi nouveau. Qui empêche, du reste, de croire que les conquérants durent profiter d'un système jusqu'alors inconnu pour eux et le mettre en pratique dans des cas analogues, aussi bien dans leur propre pays que dans les contrées où ils allaient porter leurs armes victorieuses et où l'art des fortifications permanentes n'avait pas encore pénétré. On a toujours trop attribué aux Romains, et leur gloire d'une époque a complètement effacé le génie des autres peuples qui vivaient en même temps qu'eux. Il faut avouer cependant que si les arts fleurirent du temps de Rome, grâce à une forte organisation et à une civilisation avancée, les peuples barbares, c'est-à-dire ceux qui avaient le malheur de ne pas appartenir à la grande métropole, durent aider beaucoup à ce progrès par l'apport de leurs connaissances récoltées dans les guerres de conquête par les descendants de Romulus.

Nous avons hâte de donner la description de la triple ceinture de forts permanents qui défendaient, à l'époque celtique, le passage du Luberon par la Combe de

(1) On croit généralement qu'un bras de la Durance se détachant de la branche-mère venait se joindre au Caulon, en traversant la plaine située entre l'extrémité occidentale du Luberon et la colline Saint-Jacques, *Mont-Caveau*.

Lourmarin. On remarquera qu'une grande partie de ces châteaux-forts, furent dans la suite convertis en chapelles. Les populations devenues chrétiennes mirent ainsi sous la protection divine la défense du pays.

II.

PREMIÈRE CEINTURE.

Sur les versants à droite et à gauche de la Combe.

Depuis l'entrée de la Combe de Lourmarin jusqu'au château de la Roche d'Espeil, à droite et à gauche de l'Aigues-Brun, le Luberon était et est encore infranchissable à cause des rochers verticaux et des trop fortes pentes qu'il présente sur les deux versants.

LA ROCHE D'ESPEIL. *(Roca de Expilis)*. — Ce château, situé à droite sur le versant de la Combe de Lourmarin, est construit précisément là où un passage praticable pouvait permettre à une armée de franchir la montagne pour tomber à l'improviste sur le fort de Buous, dont nous parlerons bientôt. Ce château a perdu son caractère et sa physionomie primitives pour faire place à des constructions d'un style tout-à-fait moderne. Voici quelques mots de son histoire :

Les terres de la Roche d'Espeil et de Buous furent données, vers l'an 1395, par Bérengier, comte de Forcalquier, à Lancelot de Pontevès, en récompense des services que ce dernier avait rendu à la maison de Forcalquier. Jean et Elzéar de Pontevès, arrière-petits-fils de Lancelot, vendirent pour la somme de 4,000 florins, la terre de la Roche d'Espeil à Louise d'Agoult dame de Sault et de Lourmarin, par acte passé le 22 mai 1511.

Jean d'Arlatan, conseiller au Parlement de Provence, acquit en 1718 la baronie de Lauris et les terres de Puget et de la Roche d'Espeil, et par lettres patentes du mois d'août 1723, enregistrées au parlement et à la Chambre des comptes le 4 octobre suivant, fol. 375. cette dernière terre fut érigée en marquisat en faveur dudit Jean d'Arlatan et de toute sa postérité.

La Roche d'Espeil possédait un prieuré dont la collation appartenait à l'abbé des Bénédictins de Saint-André-les-Avignon. Ce prieuré était une succursale de la paroisse de Bonnieux et le service divin y était célébré depuis le 3 mai jusqu'au 14 septembre. On a les noms des prieurs qui s'y sont succédé depuis le XVI° siècle jusqu'à la Révolution.

LE FORT DE LA ROCHE. — Un peu au-dessus et à gauche du château de la Roche d'Espeil, existe une barre de rochers assez élevés. Cette barre est coupée en un point et forme l'ouverture d'un petit vallon boisé, étroit et bordé de rochers, qui se termine sur un passage du Luberon, là où cette montagne est à son minimum d'élévation. Une fois arrivé sur cette partie du Luberon on pouvait descendre facilement sur le fort de Buous. Malgré que la marche d'une armée fut assez pénible pour arriver du bas de la Combe de Lourmarin à la Roche d'Espeil, et de là à l'ouverture de la barre de rochers dont il vient d'être question, une fois arrivé là, les difficultés disparaissaient ; il devenait donc prudent de défendre ce point. Aussi on y trouve, sur un bloc isolé, situé à quelques mètres en avant de l'ouverture du vallon, un donjon carré terminé à l'ouest par un terre-plein rectangulaire, entouré de fortes murailles. le tout complètement ruiné.

FORT DE BUOUS. — Vers la partie supérieure de la vallée d'Aigues-Brun, en un point où cette vallée s'élargit pour se resserrer ensuite, existe un énorme rocher isolé sur lequel fut construit le fort de Buous, clé principale de tout le système de défense que nous décrivons et dont il ne reste aujourd'hui que le squelette horriblement mutilé. Ce rocher, très-élevé et inaccessible sur presque tout son circuit, est fortement incliné du midi au nord, comme le sol de la vallée qui le supporte. Accessible seulement vers sa partie septentrionale, c'est là que se trouvait la porte d'entrée fortifiée par des ouvrages nombreux défendant le chemin taillé dans le roc qui venait y aboutir et quelques rares points du rocher même, d'un accès assez facile, situés dans le voisinage de cette porte. De tous ces ouvrages il ne reste plus aujourd'hui qu'une tour ronde, percée de meurtrières et à demi ruinée, reliée à quelques pans d'un mur d'enceinte, ainsi que quelques restes de maisons adossées à ce mur.

Après avoir franchi ces ouvrages de défense, d'un caractère moderne et mal construits, on arrive sur une vaste plate-forme dans le bas de laquelle existe une citerne naturelle agrandie par la main de l'homme et pour les besoins de la garnison. En remontant cette plate-forme on rencontre d'abord les ruines d'une petite église entourée d'autres ruines accusant sur ce point une agglomération de maisons à l'usage des habitants du fort. Un peu au-delà et toujours en montant, se trouve un premier fossé, large et profond, taillé dans toute la largeur du rocher. C'est là que commence la forteresse proprement dite. Sur l'escarpe de ce premier fossé est un mur d'enceinte assez haut et percé de meurtrières, avec porte défendue par des ouvrages avancés. Après ce premier retranchement en vient un autre plus considérable ; puis un troisième, tous défendus par un fossé profond et des maçonneries massives. La forteresse se termine, vers la pointe sud du rocher, par un donjon carré, de construction romaine, entouré d'un fossé également taillé dans le roc.

La longueur totale du rocher sur lequel est construit le fort de Buous est d'environ 600 mètres et sa largeur moyenne d'environ 40 mètres. Sa forme est sensiblement rectangulaire, mais la partie angulaire du sud-ouest se trouve en contrebas de 4 à 5 mètres du reste du rocher dont il suit sensiblement l'inclinaison. Une poterne ouvrant au midi dans un angle rentrant du rocher principal, permettait de descendre sur la partie basse où des habitations étaient construites. En temps de guerre, les habitants de cette partie du rocher montaient sur le fort et la poterne était murée. Ces habitations avaient pour but ; de masquer l'ouverture supérieure d'un escalier, entièrement taillé dans le roc, qui pouvait permettre à la garnison du fort de descendre dans la vallée à l'insu des assiégeants, soit pour se ravitailler, soit pour opérer une sortie imprévue, soit enfin pour abandonner la place après avoir épuisé tous les moyens pour la défendre. L'ouverture supérieure de cet escalier devait être ignorée des habitants du fort et de la garnison, parce qu'il n'aurait fallu qu'un transfuge de la place pour en divulguer le secret. Elle devait donc se trouver dans l'intérieur d'une maison à l'usage du gouverneur seulement. Dans la vallée, l'ouverture de cet escalier devait être dissimulée, comme elle l'est encore, par des ruines, des arbustes et des broussailles.

Le fort de Buous était aussi accessible du côté de l'Est, par un talus très-raide en terre qui s'élève de ce côté contre une partie du rocher. La pointe de ce talus arrive à un mètre ou 1^m 50 seulement en contrebas de l'arête supérieure du premier fossé de la forteresse. Ce point seulement eût été accessible, si les abords l'eussent été. Il suffisait donc de monter le talus et de franchir cette faible hauteur pour arriver sur le rocher, mais cette entreprise était tellement difficile et pleine de périls pour les assiégeants, que nous doutons fort qu'elle ait été mise une seule fois à exécution. Cependant, on trouve sur le sol, de ce côté du fort, de petites flèches barbelées, des débris de lances et autres qui prouveraient que la forteresse a soutenu des attaques de ce côté.

Comme la plupart des places fortes de l'intérieur, le fort de Buous fut démantelé en 1660 par ordre de Louis XIV.

LE CASTELLAR. — Les deux premiers vallons qu'on trouve à droite en remontant le cours de l'Aigues-Brun, après avoir quitté le fort de Buous, vont se joindre au pied du Luberon en face du point où le chemin de Sivergues à Vaugines traverse la montagne. Un autre vallon venant de l'Est en suivant le pied du Luberon, vient aboutir au même point. Le Castellar de Sivergues, construit sur le haut du rocher abrupte qui domine cette jonction, défendait le passage de ce petit col. Ce château-fort, complétement ruiné, consistait en un donjon circulaire au nord duquel existaient plusieurs enceintes fortifiées. A côté et à l'est du donjon sont les ruines d'une petite église romane, orientée, mais d'une grande simplicité. L'une des enceintes sert actuellement de cimetière aux habitants de la commune de Sivergues, et là parmi les pierres tumulaires, nous avons vu une inscription romaine portant, dans la partie supérieure de la pierre, la date récente de l'inhumation d'un des habitants du village.

SIVERGUES (*Sex Virginis*). — Bien qu'il ne reste aucune trace d'anciennes fortifications, ce village a dû en principe faire partie du système de défense ; il est situé vers l'extrémité supérieure du troisième vallon, à droite, après le fort de Buous. Le château de l'ancien seigneur du lieu, l'église et quelques chaumières constituant le village proprement dit, se trouvent sur le versant à gauche du vallon, un peu au-dessous du point élevé où est construit le Castellar.

Il existe d'autres vallons, après celui du village de Sivergues, dans lesquels on ne trouve pas de traces d'anciens points fortifiés ; mais il est plus que probable que certaines fermes, ont dû être construites avec et sur les ruines de ces forts.

BUOUS (*village*). — Sur la droite, en redescendant le cours de l'Aigues-Brun, se trouve tout d'abord un vallon secondaire dans le parcours duquel on rencontre le village de Buous (*Castrum de Buolis*). Ce vallon secondaire s'embranche à celui d'Aigues-Brun un peu au-dessous du fort de Buous. Très-étroit à son origine, il s'élargit ensuite vers l'endroit où est assis le village pour de nouveau se rétrécir et se terminer, comme les suivants, sur le plateau de Claparèdes. Le vallon du village devait être défendu vers son entrée, mais on n'y trouve plus aucune trace de fortification. Il en est de même du village qui dut être, dès le principe, un point fortifié continuant le système que nous décrivons.

SAINT-SYMPHORIEN. — L'ancien prieuré monacal de Saint-Symphorien, situé vers la limite des communes de Buous et de Bonnieux, fut aussi un château-fort continuant la ceinture et destiné à garder l'entrée des deux vallons dits du *Château* et d'*Aurons*. Les bâtiments assez modernes de l'église et des annexes sont à l'est d'une enceinte rectangulaire qui a dû être celle du fort primitif. Une tour carrée, d'architecture romane, est tout ce qui reste de l'ancien prieuré, ainsi qu'une inscription dédicatoire qu'on a conservée en la plaçant dans les maçonneries modernes, intérieurement et au-dessus de la porte d'entrée de l'église.

BUOUS (*Château*). — Le château de Buous, que nous faisons entrer avec raison dans le système, est situé presque à l'extrémité supérieure du vallon dit du château et en face du point où ce vallon se bifurque. Son caractère antique a disparu, et ce qui existe aujourd'hui accuse deux époques bien distinctes. La partie la plus ancienne est du moyen-âge ; elle fut la demeure de la branche des Pontevés-Buous qui acquit une certaine réputation dans la carrière des armes, et en faveur de laquelle branche de Pontevés, le roi Louis XIV érigea, en 1650, la seigneurie de Buous en Marquisat. La partie moderne du château n'a jamais été achevée : elle est du XVIII⁰ siècle. Dans le parc, à gauche en entrant, se trouve une fontaine basse surmontée d'un verseau datant de l'époque romaine. On lit sur le socle une inscription où se trouve le mot VXELICVS.

AURONS. — Le château moderne d'Aurons, situé à l'extrémité supérieure du vallon de ce nom, a dû aussi faire partie du système de défense. L'ancien propriétaire de ce château, M⁺ Camille Guilibert, président du tribunal d'Apt, y découvrit divers morceaux d'antiquités romaines qu'on a conservés sur les lieux.

Au delà d'Aurons, en achevant de contourner les versants de la vallée d'Aigues-Brun, l'on rencontre entre des parois infranchissables, le vallon qui a son origine vers le pont dit de Bonnieux sur l'Aigues-Brun ; puis, un peu au delà, toujours en contournant, l'on arrive en face du château de la Roche d'Espeil, c'est-à-dire de notre point de départ. Là, sur ce côté de la Combe de Lourmarin, existe un certain espace de territoire qu'on ne pourrait appeler un vallon, mais qui néanmoins devait présenter un accès facile par ses pentes peu inclinées et non interrompues depuis la crête de la montagne jusqu'au fond de la vallée. Ces pentes, qu'une belle exposition à l'Est a engagé de cultiver de très-bonne heure sans doute, ne présentent, de même que celles du vallon du pont de Bonnieux, aucun reste d'anciennes fortifications. On ne saurait admettre un seul instant que ces points ne fussent pas gardés et qu'on eût négligé

BIBLIOTHÈQUE NATIONALE R. F.

3

de pourvoir à leur défense. Ce qu'il y a de positif, c'est que la culture des terres a dû faire disparaître tout vestige de travaux d'architecture militaire sur ces deux points, et les matériaux en·provenant ont sans doute servi à la construction de bâtiments agricoles. La trace de ces fortifications pourrait être indiquée en leur appliquant ce que nous avons dit du protectorat céleste fréquemment usité pour les châteaux-forts de la contrée. Ainsi la dénomination de saints, comme Saint-Pons, etc., pourrait ainsi déterminer l'emplacement des châteaux disparus.

III.

DEUXIÈME CEINTURE.

Sur le flanc extérieur du plateau de Claparèdes.

SAINT-PIERRE-D'AURIBEAU. — Le fort de Saint-Pierre-d'Auribeau est situé sur la pointe d'un rocher qui s'arrête brusquement et presque verticalement en face du col formé par le passage de la vallée de Sivergues dans celle de Castellet, entre l'extrémité du plateau de Claparèdes et le pied de la montagne du Luberon, et en face d'un passage assez difficile de cette montagne dans la direction de Cucuron. La dénomination de Saint-Pierre vient du titulaire d'une petite église romane, très-simple, indépendante du fort à côté duquel elle se trouve, et portant à droite de la porte d'entrée cette inscription dédicatoire : III. $\overline{\text{KL}}$. IVNII. DE *(dicarit etc.)* Le fort, entièrement de construction romaine, consiste en un petit donjon rectangulaire, peu élevé, mais dont la partie supérieure manque ; les murs en petit appareil demi-régulier, ont dans le haut plus d'un mètre 50 centimètres d'épaisseur. On aborde, par un trou pratiqué sur la face méridionale, dans un étroit appartement sous lequel il en existe un autre dont l'entrée extérieure est ensevelie sous des ruines. Le passage d'un appartement dans l'autre se faisait intérieurement par une ouverture pratiquée au milieu du plancher qui les séparait et qu'on franchissait au moyen d'une échelle, c'est ce qui explique l'absence de baies dans l'appartement supérieur. Le donjon dont il est question, est situé à l'Est d'une terrasse ruinée qui s'étend en outre en avant de la face méridionale. L'ennemi pouvant venir dans deux différentes directions, la terrasse s'étendait à la fois sur deux faces pour le combattre et l'arrêter, suivant qu'il vint ou du Luberon ou du côté de Sivergues.

Un premier mur d'enceinte, assez élevé, entourait le château-fort de l'Est à l'Ouest sur le côté septentrional dont l'abord aurait pu être praticable, et ce mur passant sur la ligne même de la face Nord du donjon, soutenait, de ce côté, le terre-plein de la terrasse. Cette enceinte porte des traces évidentes d'un siége que le château a dû essuyer à une époque qu'on ne saurait préciser. Les traces d'un second mur de ceinture se remarquent à une vingtaine de mètres en avant du premier. On y trouve en outre des vestiges d'anciennes habitations, et nul doute que le village d'Auribeau ne fut dès le principe construit à l'abri de ce fort.

SAIGNON. — D'après des anciens titres, Saignon possédait dans la partie supérieure de son territoire, trois châteaux-forts continuant la ceinture de défense. Ces trois forts étaient dénommés : la Grugière, le Médian ou Rupes, et Tartamole. Deux de ces châteaux-forts, la Grugière et Tartamole, disparurent dans les temps féodaux sans laisser de traces, mais l'on peut inférer de la topographie même des lieux, et du système que nous décrivons que, l'un devait être placé de manière à commander la petite dépression de terrain à gauche du chemin montant à Auribeau, et l'autre devait être vers Valsorgue, à l'entrée supérieure du vallon de Valcroissant ou Rieu-Major. Quant au château Médian, dont il reste encore des vestiges, il était placé sur le rocher même de Saignon et formait une forteresse inexpugnable dont la nature avait fait les principaux frais. L'orientation de ce château-fort était la même que celle du fort de Buous, c'est-à-dire que les bâtiments fortifiés étaient placés au Sud de la plateforme du rocher. La position toute particulière du château Médian excita la population environnante, dans

des temps malheureux, à venir grouper leurs chaumières à l'abri de cette forteresse naturelle que des titres
anciens qualifient de *Castrum insigne et nobile olim
inexpugnabile.* Ce fut l'origine du village de Saignon,
nom dérivé de *Signum,* lieu d'où l'on faisait des signaux. Ce fut aussi à l'abri et à la protection des trois
forts que se fonda et fleurit pendant longtemps l'abbaye
dite de Saint-Eusèbe, dont les ruines sont à peu de distance du village.

ROCSALIÈRE. — *(Rupes Saliorum).* — Les ruines
de ce château-fort, qui défendait l'extrémité supérieure
du vallon de ce nom, apparaissent contre le flanc nord
d'un quartier de rocher à pic isolé de la masse principale qui se trouve à quelques mètres en arrière. On remarque à l'Est, du côté de l'arrivée, les vestiges d'un
donjon carré et d'autres ouvrages analogues. Une
plate-forme supportée par des blocs de rochers peu
élevés, et par des murs là où le rocher vient à man-
quer, se développe à l'ouest L'on remarque, en outre,
que, par surcroît de prudence, les anciens habitants
voulurent mettre à profit le rocher contre lequel le château était adossé et s'en servir de refuge en cas de siége,
des appartements y furent taillés dans l'intérieur, et
l'un d'eux traversant ce rocher de part en part, avec
une ouverture dissimulée sous des arbustes par der-
rière, ménageait ainsi une retraite aux assiégés. Un
fossé profond creusé entre la plate-forme et le rocher,
rendait plus difficile la prise de ce dernier retranchement des habitants du château.

TOUR DE THELME. — Ou tour Saint-Elme, défendait, immédiatement après le château de Rocsalière,
deux passages faciles du vallon de Mauregne dans celui
de Rocsalière ; l'un, au sud, au pied de la colline de *Ten-
ten* dépendante du plateau de Claparèdes ; l'autre au
nord de la Tour du côté de la colline sur laquelle on a
construit depuis l'ermitage de Saint-Martian. Le quartier où la Tour Saint-Elme est située porte aujourd'hui
la dénomination de quartier *des Tours,* ce qui prouverait
qu'il y avait autrefois de nombreuses traces de fortifications que commandait d'ailleurs l'extrême facilité du
passage d'un vallon dans l'autre. En 1457, l'une de ces

tours portait le nom de *Tour-d'entre-deux-jours*, c'est-à-dire Tour comprise entre deux vallons.

La Tour de Thelme est située au sud de la ville d'Apt sur une colline au faîte de laquelle se trouvent cinq énormes blocs de rocher, fortement inclinés de l'est à l'ouest et séparés l'un de l'autre de 0^m,80 centimètres, sauf entre les deux derniers rochers, du côté occidental, où existe un plus grand intervalle qui permettait de passer de la partie septentrionale vers la partie méridionale de la forteresse. Les deux premiers rochers, situés à peu près sur un même plan, formaient les derniers retranchements de cette forteresse. Les ruines d'un donjon rectangulaire, de construction romaine, dont les murs en petit appareil, demi-regulier, prennent naissance sur le prolongement même des parois du rocher qui le supporte, se trouvent sur le premier de ces rochers à l'est. Le rocher suivant servait de plate-forme. Pour arriver sur ces deux rochers, on avait eu le soin de remplir de maçonnerie l'intervalle existant entre eux et d'y ménager un escalier qu'on atteignait par une porte cintrée ouverte à mi-hauteur des rochers sur la face méridionale. Une petite enceinte qui ne dépassait pas le prolongement de la ligne formée par le côté oriental du second rocher, couvrait et défendait cette porte. Sur le troisième rocher, celui du milieu, existe une citerne taillée dans la pierre ; l'ouverture carrée de cette citerne a deux mètres de côté sur une profondeur de deux à trois mètres. La colline déjà fortifiée par la nature avait reçu en outre sur sa face septentrionale quelques murs d'enceinte qu'on reconnaît encore parfaitement. On y trouve aussi des traces d'ouvrages avancés.

La Tour de Thelme défendait le passage dans le haut du territoire, au pied du plateau de Claparèdes ; mais il aurait pu se faire que l'envahisseur passât entre cette tour et la ville d'Apt, ce qui était facile tant à cause de la distance comprise entre ces deux points, qu'à cause de la nature toute particulière des lieux. Or, pour éviter cet inconvénient, on construisit encore sur un bloc de rocher qui se trouvait là, isolé, un petit fort qui devait assurer et compléter le système de défense sur ce point. Les ruines de ce fort, de construction romaine, existent encore au-dessous de Saint-Elme, à demi distance entre la chapelle romane de Saint-Vincent et celle plus moderne de Saint-Martian. C'est un donjon rectangulaire occupant le côté méridional et se terminant au nord par une plate-forme entourée d'un mur suivant le périmètre naturel du rocher qui supporte l'ensemble de la construction.

LES AGNELS. — Après la Tour de Thelme, en suivant toujours le pied des rochers qui supportent le plateau de Claparèdes, on trouve le hameau dit des Agnels situé vers la partie supérieure du vallon de Mauragne. Bien qu'il ne reste pas de traces d'anciens travaux de défense, l'emplacement tout particulier de ce hameau, dominant le passage précisément là où le vallon présente un étranglement, semble justifier l'hypothèse d'un château-fort sur ce point.

CHATEAU DE TOURRETTES. — Un peu au-dessous du hameau des Agnels et sur la gauche du vallon de Mauragne, vers l'endroit où ce vallon forme une branche se dirigeant à l'ouest, se trouve assis l'ancien château de Tourrettes dont il ne reste, engagés dans des bâtiments agricoles, que les ruines d'une église romane autrefois dédiée à Saint-Pierre prince des Apôtres. Nous avons dans *Tourrettes et Clermont*, décrit ces ruines qui n'ont rien à faire ici ; il nous suffira de répéter que le château de Tourrettes fut depuis un temps immémorial une villa dépendante du domaine temporel des évêques du diocèse d'Apt.

Le hameau de Tourrettes qn'on trouve après le vieux château ; le petit hameau de Fumières qui vient ensuite en contournant les pentes de la montagne ; et un peu plus loin la ferme dite le Camp de Barras, sont autant de points qui furent destinés à défendre les vallous dont ils occupent les parties supérieures.

CLERMONT. — Le château de Clermont, *Clarimontis*, dont il est parlé dans des titres du onzième siècle, est situé sur la pointe avancée de la colline de ce nom, un des promontoires du vaste plateau de Claparèdes, à côté d'une petite chapelle romane. Ce château-fort, complétement ruiné aujourd'hui, commandait l'extrémité d'un petit vallon qui descend vers le hameau de Fumières et se termine au Caulon. Il devait consister en une grosse tour ou donjon crénelé relié à quelques ouvrages secondaires de défense. Du moins, c'est ce que les ruines laissent deviner ; il se terminait à l'ouest par une terrasse ou plate-forme fortifiée. Ce château était inexpugnable, vu sa position sur un sommet dont les pentes, fortement inclinées, en interdisaient l'approche. L'abord était praticable du côté de l'église seulement, mais il devait y avoir là, de ce côté, un fossé protecteur, des maçonneries plus massives et des engins de défense multipliés qui n'empéchèrent pourtant pas Raymond de Turenne de s'en rendre maître et de le détruire en l'année 1390.

SAINT-LAURENT. — Sur un autre promontoire situé immédiatement après celui dit de Clermont, était un autre château-fort défendant encore l'origine supérieure d'un autre vallon, et cela continuait ainsi, à chaque col de vallon jusqu'au col de Bonnieux où se terminait cette seconde ligne de défense.

Il ne reste pas de vestiges de l'ancien fort Saint-Laurent dont la chapelle est ainsi dénommée dans une charte de l'an 1043 ; pas plus que de celui de Saint-Pierre dont les fermes qui en ont conservé le nom sont situées un peu au-delà de la campagne dite le Camp de Barras, dans la direction de la ville de Bonnieux ; pas davantage de celui de Saint-Auban, etc.

BONNIEUX. — Le point culminant de la ville de Bonnieux, qu'on appelle encore aujourd'hui *le Castellar*, paraît être la position primitive du *Castella* gallo-romain ou du *Pagus* celto-ligurien défendant la tête du vallon qui est un prolongement du col extrême à l'occident du plateau de Claparèdes. La divinité honorée dans ce pagus était dénommée *Uxovinus*. Le château féodal remplaça plus tard ou plutôt compléta la place forte primitive, et sa position toute particulière lui valut dans la suite un développement considérable. Ce château était en 1222 du domaine de la maison d'Agoult ainsi que celui de Lacoste. Les papes d'Avignon en héritèrent après la suppression des Templiers qui l'avaient possédé auparavant en commanderie de leur ordre. C'est ainsi, du moins, qu'on explique l'enclave de l'ancien Comtat Venaissin formée par le territoire de Bonnieux dans cette partie de la Provence.

En face de Bonnieux, sur le prolongement de sa vallée et sur le flanc oriental d'un côteau qu'une forte dépression sépare de la montagne du Luberon, est assis le village de Lacoste, ancien château ayant longtemps appartenu à la maison de Sade. Lacoste, Saint-Véran, Saint-Hilaire, Ménerbes, etc., ont dû jouer le même rôle sur cette partie du territoire que les lieux qui viennent d'être décrits ; ils avaient tous en vue la défense du pays et particulièrement d'arrêter la marche d'une armée venant du côté de la Combe de Lourmarin.

IV.

TROISIÈME CEINTURE.

Sur la rive gauche du Caulon.

CASTELLET.— La troisième ceinture commençait au bas du col d'Auribeau, sur une éminence qui commande le vallon allant aboutir au fort de Saint-Pierre, dont il a déjà été question comme tête de la deuxième ceinture. Le nom même de Castellet, dérivé de *castella*, et dont la signification est *petit château*, suffirait seul pour appuyer notre conjecture si l'on ne trouvait encore sur ce point de nombreuses traces de l'occupation romaine.

FRINGANTS (*les*).— Des restes d'anciennes constructions existent à l'entrée du premier vallon après celui du Castellet, au lieu dit *Les Fringants* sur la rive gauche du Caulon.

CARLET.— Dans le territoire de Saignon on trouve des traces de l'occupation romaine au lieu dit *Carlet*, un peu au-dessus de la ferme et sur un petit plateau qui domine le vallon de ce nom, lequel aboutit comme le précédent à l'extrémité de la plaine de l'abbaye de Saint-Eusèbe. Les défrichements, peu anciens, de cette partie du territoire ont dû faire disparaître jusqu'aux moindres traces du château-fort qui défendait l'entrée de ce petit vallon. Vers son extrémité supérieure, à droite, on trouve les ruines d'une ancienne construction qui a dû faire aussi partie du système de défense.

SAINT-QUENTIN.— Le château de Saint-Quentin construit à l'entrée d'un vallon qui va aboutir à l'abbaye de Saint-Eusèbe, marque l'emplacement d'un ancien castella gallo-romain. L'on trouve aussi dans ce lieu des antiquités romaines.

IMBARDES (les) — Il existe dans le quartier de ce nom, un reste de donjon rectangulaire. et tout porte à croire, vu sa position, qu'il a dû faire partie de la ligne de fortifications.

VALCROISSANT. — La position du château moderne de Valcroissant, adossé contre le flanc d'un côteau, au commencement du vallon de Rieu-Major, semble avoir été choisie dans le temps pour continuer la ceinture.

SAINTE-MAGDELEINE.— Cette construction qui existait autrefois au quartier de ce nom, sur le bord du Caulon, et où l'on a percé depuis la route d'Apt à Digne, devait défendre le passage du vallon de Rosalière dans celui de Rieu-Major.

APT.— On s'accorde généralement à considérer la ville d'Apt comme la métropole de la tribu ligurienne des Vulgientes, dont les limites n'ont jamais été bien démarquées. La position de cette ville sur la rive gauche du Caulon, à l'extrémité du vallon de Rocsalière démontre, toujours d'après notre système, qu'en principe elle ne dût être qu'un château-fort destiné à garder le passage de ce vallon. César trouva l'assiette de la ville d'Apt convenable pour y fonder une colonie. Un peu au-dessus de cette ville. en montant vers Claparèdes, l'on trouve l'église romane de Saint-Vincent qui a dû, comme la tour de Thelme, être autrefois une fortification destinée à défendre un passage facile entre les vallons de Rocsalière, de Saint-Serf et de Combe-miane.

SAINT-SERF.— Construit au lieu dit *les Rocassons*, aux abords d'Apt, le fort dont l'église était sous ce vocable gardait l'entrée des Vallons de Saint-Serf et de Combe-Miane.

MURS — Le château de Murs doit son nom moderne à une branche de la maison d'Astuaud, des seigneurs de Murs, qui le tenait en arrière-fief de l'église d'Apt sous la foi et hommage à ses évêques. Défendant aussi l'entrée d'un petit vallon, ce château est bâti sur une pointe de rocher à pic du côté du Caulon sur la rive gauche duquel il s'élève. Les bâtiments anciens et modernes sont délabrés et de chétive apparence. La porte d'entrée s'ouvre à l'est entre deux archères assez basses; le passage traverse les bâtiments et se termine sur une plate-forme entourée de murs qui se trouve à l'ouest du château.

MILLE. — Le château de Mille qu'on prétend avoir été construit en l'an 1000, d'où son nom, ou mieux peut-être de ce qu'il avait été habité par une ancienne famille du nom de Milo qui florissait déjà sous les Comtes d'Apt successeurs des proconsuls romains dans le pays, est situé vers le bout d'un vallon qui se dirige vers Clermont et au point où ce vallon se resserre un moment entre deux lignes de rochers pour de nouveau s'élargir ensuite, ce château est construit à peu de distance du Caulon, sur un quartier de rocher isolé occupant le milieu même du vallon qu'il était chargé de défendre. La porte d'entrée, faisant face au nord, est cintrée en anse de panier et surmontée d'un ouvrage de défense, assez bas, percé de meurtrières et couronné de machicoulis, au milieu duquel un double écusson, un peu mutilé, étale les armes du châtelain et de la châtelaine qui ont réédifié le château. Pas de fossés ou du moins, devenus inutiles on a dû jadis les combler. Après avoir franchi la porte d'entrée et laissé à gauche, à plein pied, les bâtiments de maîtres et ceux affectés aujourd'hui à l'exploitation du domaine, on prend, à droite, un escalier découvert, taillé dans le roc, qui conduit en contournant dans des appartements creusés dans le rocher et dont la disposition particulière indique qu'ils devaient servir de citernes ou réservoirs d'eau à l'usage des habitants en cas de siége. Cet escalier aboutit à une seconde porte, faisant face au sud, cintrée en anse de panier, entourée de meurtrières et couronnée de machicoulis ; elle communique sur une plate-forme se développant à l'ouest, entourée de murs en ruines qui ont dû être crénelés. A droite de cette porte est un donjon rectangulaire, peu élevé, construit en pierres de taille et dont les ouvertures, percées sur toutes ses faces, sont dans le style Renaissance, mais simplement ornementées.

ROQUEFURE. — Entre le vallon dont on vient de parler et celui plus important dont l'extrémité arrive au col de Bonnieux, l'on trouve encore sur la rive gauche de la rivière, quelques passages étranglés d'abord entre des rochers et allant ensuite en s'élargissant peu à peu sur les versants de la montagne pour aboutir enfin au hameau de Fumières et à la campagne du Camp de Barras. Pour garder ces passages et surtout l'entrée des rochers, du côté du pont Julien, entre lesquels coule le Caulon, et par où l'ennemi entrant dans le pays aurait pu dissimuler sa marche, il fut choisi le point dominant de Roquefure, sur la rive droite de la rivière, comme pouvant satisfaire à toutes les conditions désirables de sécurité. Ce château-fort est construit sur un bloc de rocher, isolé, surmontant les autres rochers et taillé par la main de l'homme en tronc de pyramide dont les bases sont des polygones irréguliers. Les maçonneries commençant là où le rocher se termine, en sont pour ainsi dire le prolongement. Ces maçonneries en petit appareil irrégulier, suivent les contours du rocher et présentent, sur chaque face, des meurtrières ou archères dont la partie intérieure affecte la forme d'une *trompe en niche* à base triangulaire. La partie supérieure de la pointe du rocher sur lequel est assis le château-fort, s'infléchit fortement vers la face méridionale où se trouve la porte d'entrée qui est à plein cintre. Cette porte, ainsi que les ouvrages dont elle est flanquée sont anciens, mais cependant d'une date plus moderne que le reste de l'enceinte qui elle-même n'accuse pas le style d'une seule époque. L'intérieur du château, sans donjon ni tourelles, n'offre rien de particulier sauf quelques appartements entièrement taillés dans le rocher. Le mur d'enceinte devait en principe être crénelé, mais comme la partie supérieure manque, cette lacune lui enlève aujourd'hui presque entièrement son caractère féodal et sa disposition primitive. Une grosse tour existait à Roquefure lorsque Raymond de Turenne s'en

empara en 1396, on n'en trouve aujourd hui nulle trace,
mais cette tour devait exister à l'est, sur un emplacement libre de toute construction qu'on trouve à
l'intérieur, à côté et en contre-haut de la porte
d'entrée du château. La plate-forme, à l'ouest, est occu-
pée actuellement par des bâtiments d'exploitation
agricole.

Le système, s'étendait ensuite du Pont Julien au château de Beau-Report, dans le bas du vallon de Bonnieux,
et même au-delà en contournant le côteau sur lequel
sont construits le village de Lacoste et le hameau de
Saint-Véran, mais les défrichements et la culture du sol
ne permettent plus aujourd'hui d'en étudier le caractère comme nous l'avons fait jusqu'ici. L'origine du
vallon de Bonnieux sur le bord de la rivière, entre le
Pont-Julien et le château de Beau-Report, a une trop
grande largeur pour qu'entre ces deux points il n'y eut
pas quelques travaux capables de créer des difficultés à
l'envahisseur remontant la vallée du Caulon. Aussi l'on
trouve vers le milieu et dans le bas du vallon, une éminence naturelle sur laquelle a dû exister une fortification ; l'on y remarque encore les traces d'un bâtiment
féodal, c'est le château de Thourane. Un peu plus haut
avant d'arriver à Bonnieux, on trouve aussi les châteaux
de Luc et de Rovil et l'ancien fief de la Canorgue, qui
ont dû avoir également pour mobile d'arrêter le passage
sur ce point.

Tout ce système de défense dont nous n'avons fait
connaître que les caractères principaux, était couronné
par un poste d'observation dont les vestiges apparaissent
encore sur le point le plus élevé de la montagne du
Luberon, sur celui qui est en face du village d'Auribeau
et qui commande la Combe dite de Cucuron, passage
assez praticable pour franchir la montagne. De ce poste
d'observation, embrassant tout le système et découvrant
une grande étendue de territoire, il était facile de suivre
la marche de l'ennemi, et, au moyen de signaux, d'avertir tel ou tels points de se préparer à la défense ou de
porter secours à tel ou tels points menacés. Le rappro-
chement des forts les uns des autres, leur permettait de
communiquer entr'eux au moyen de cette télégraphie

dont la ligne avait pour point d'attache ou de départ le sommet du Luberon. Cette télégraphie, des plus élémentaires, consistait en signaux convenus faits au moyen de feux qu'on allumait sur la crête de la montagne et qui étaient immédiatement répétés par les forts intermédiaires, jusqu'à ce que ces signaux fussent parvenus à celui de ces forts auquel la communication s'adressait. A côté de cette télégraphie dont la simplicité égalait la promptitude, il y en avait une autre non moins rapide qui consistait à communiquer d'un fort à l'autre au moyen de la voix. On assure même que les Gaulois n'avaient pas d'autre manière de correspondre à distance; ils s'échelonnaient de loin en loin dans la campagne, sur le sommet des côteaux, et par leurs cris répétés transmettaient rapidement les avis à des distances considérables.

V.

Chacun a dû remarquer la corrélation qui existe entre les divers châteaux-forts que nous venons de décrire, tous d'une grande ancienneté ; c'est toujours, sauf les cas exceptionnels commandés par la topographie des lieux, une tour ou donjon élevé sur une éminence en terre ou rocher naturel terminé à l'ouest par une terrasse ou plate-forme fortifiée. Nous avons déjà fait remarquer cette forme typique dans *Tourrettes* et *Clermont* et nous répéterons ici ce que nous en disions dans cette partie de nos *Promenades aux environs d'Apt* ; qu'il serait curieux de rechercher jusqu'où ce type peut s'étendre dans la contrée afin de déterminer une zône d'architecture militaire afférente à cette époque primitive de notre histoire. Malheureusement la chose est plus difficile qu'on ne pense, car ce n'est le plus souvent que sur des vestiges qu'on peut étudier. Or, ces vestiges, à moins qu'ils ne se trouvent sur des terrains escarpés et incultes, comme ceux dont il vient d'être question, ont été bouleversés par la culture de manière à rendre leur explication impossible. D'un autre côté, beaucoup de châteaux qui ont résisté pendant la période romane, ont subi, pendant les périodes subséquentes, des changements qui en ont modifié ou complétement effacé le caractère primitif; malgré ces difficultés, l'étude que nous donnons est un sûr garant que d'autres aussi, dans d'autres localités, peuvent arriver, après des recherches patientes, à des résultats sérieux qui auront pour effet de corroborer et de compléter nos observations.

L'exigüité de ces divers forts s'explique naturellement par la difficulté des passages. On a vu qu'à part celui de Buous, clé principale de tout le système de défense, tous les autres châteaux ne devaient servir qu'à arrêter des fractions d'armée sans matériel d'attaque; du moins les difficultés sans nombre que l'ennemi devait rencontrer sur sa route, en parcourant le fond de petits vallons d'un accès difficile, sans aucun chemin frayé, devaient lui enlever toute possibilité d'emmener avec lui les balistes, les béliers, les catapultes, les corbeaux démolisseurs, les hélépoles et autres machines de guerre alors en usage. Ces machines suivaient très-bien l'armée dans les pays de plaine, mais non en pays de montagnes, et ce n'était que lorsque les soldats avaient détruit ou franchi les premières difficultés que les machines devaient avancer à leur suite. Cette méthode devait être lente pour des passages comme ceux qui nous occupent, mais une fois l'obstacle franchi, les choses devaient singulièrement se simplifier pour des forces envahissantes, supérieures à celles de l'assiégé.

La tactique des forces résistantes était, à l'approche de l'ennemi, d'occuper les hauteurs des défilés et de là, avec des roches lancées du haut des positions, occasionner de grands ravages dans les rangs des envahisseurs. Si dans la combe de Lourmarin, dans la partie supérieure de la vallée d'Aigues-Brun et dans les vallons secondaires qui se ramifient à cette vallée, les défilés sont nombreux, si les difficultés de toute nature se rencontrent à chaque pas, les projectiles ne manquaient jamais aux défenseurs du pays; en effet, toutes les crêtes sont garnies de roches à profusion qui se détachent naturellement en blocs de toutes dimensions. Si malgré le nombre et la valeur, l'ennemi continuait sa marche, les indigènes défendaient alors le terrain pied à pied jusqu'au premier retranchement fortifié. Là, protégés par une ceinture de murailles massives élevées sur les escarpements naturels du sol, ils défendaient encore chèrement leur vie et leur indépendance. Le premier retranchement enlevé, il en restait un autre à prendre ; enfin, quand tout espoir de résistance était perdu, les assiégés s'enfermaient dans le donjon situé sur le point le plus escarpé de la position, où tout en continuant à combattre, ils pouvaient traiter avec leurs vainqueurs.

Il semble au premier abord que cette multiplicité de forts, peu éloignés l'un de l'autre, devait nécessiter de nombreuses garnisons, qu'à cette époque il était d'ailleurs facile de recruter, mais qui auraient pu être désastreuses en cas d'invasion, parce que les défenseurs auraient été disséminés quand, au moment opportun, il aurait fallu opérer des sorties. Point n'était là, croyons-nous, la tactique des peuples primitifs pour la défense de leur territoire, et si leurs ouvrages fortifiés étaient multiples, ainsi que nous venons de le faire remarquer, ils étaient trop exigus pour donner place à un nombre considérable de combattants. Leur but était bien plutôt de créer de nombreux obstacles sous les pas de l'envahisseur que de faire une parade excentrique de forteresses plus ou moins utiles. L'utilité de ces nombreux forts ne saurait ici être contestée ; en effet, en étudiant le terrain où ils ont été édifiés, on remarque qu'ils avaient spécialement à défendre, soit dans la vallée du Caulon, soit dans celle d'Aigues-Brun, l'entrée des petits vallons ou défilés qui viennent tous aboutir sur un plateau commun, le plateau de Claparèdes, point stratégique par excellence, parce que de ce point l'armée ennemie avait le choix d'opérer sa descente, dans l'une comme dans l'autre vallée, suivant la position où elle supposait la plus faible résistance, ce qu'elle pouvait obtenir, du reste, par des feintes habilement concertées. Le rôle de la défense devait se borner, ainsi que nous le supposons, à arrêter par tous les moyens possibles la marche de l'armée, à abandonner un fort sur le point d'être investi par elle pour se replier en toute hâte sur un des forts en arrière ou parallèle à la ligne de défense, et au moyen de signaux convenus donnés du poste d'observation situé au sommet du Luberon, avertir les garnisons des forts qui n'avaient rien à craindre à aller donner main-forte à ceux qui étaient ou allaient être attaqués. Ces forts étant à de faibles distances les uns des autres, ce système était généralement bon, soit que les secours arrivassent avant ou pendant l'action prévue; il n'y avait dès lors qu'à déjouer les feintes de l'ennemi, ce qui était toujours le plus difficile.

De la position toute exceptionnelle de ces forts, aux extrémités des vallons secondaires, on doit conclure, ainsi que nous l'avons déjà dit, que sauf les vallées, tout le pays était couvert de forêts impénétrables, ou tout au moins d'un accès très-difficile et que seules ces vallées étaient habitées et formaient entre elles un faisceau continu permettant un libre passage de l'une dans l'autre par des cols plus ou moins abordables; elles recelaient, en outre, dans leur sein toutes les richesses agricoles et industrielles des populations, de là l'impérieuse nécessité de les protéger. Il s'en suit donc que ces forts, détachés du groupe principal, avaient chacun pour but immédiat de défendre la vallée contre un voisin turbulent; de plus tout le système de défense était disposé de manière à garder le passage d'un pays dans un autre, de quelque côté que vint l'envahisseur. Rien ne prouve mieux la grande solidarité qui devait exister parmi les diverses peuplades de la vaste confédération celto-ligurienne.

On infère encore de la construction uniforme des châteaux-forts que l'attaque et la défense devaient présenter aussi une même uniformité que le génie guerrier de la race gauloise ne modifiait en aucune façon. César (Guerre des Gaules, liv. II) nous apprend lui-même que pour attaquer les places, les Celtes les entouraient avec toutes leurs troupes, et aussitôt, lançant une grande quantité de dards et de pierres, ils écartaient les défenseurs des murs, puis, formant la tortue, c'est-à-dire, se couvrant la tête de leurs boucliers, ils montaient à l'assaut, rompaient les portes et sapaient les murs des remparts. Cette tactique, uniforme peut-être dans le plat pays, devait être différente ou recevoir de nombreuses modifications dans les contrées montagneuses et les terrains accidentés.

Dans le moyen-âge, on trouve généralement les châteaux construits sur des hauteurs et on les voit fortifiés contre une attaque fortuite. Le seigneur du lieu y fait sa demeure comme un aigle dans son aire. En temps de guerre, les vassaux vont, dans l'enceinte du château, se mettre à l'abri des fureurs d'un implacable ennemi et payent cet abri en aidant à la défence du château. Ce château où se trouvait réuni tout le confortable de l'époque, était spacieux et n'avait qu'un but, celui de mettre en sûreté le seigneur et les siens, sauvegarder sa personne et ses richesses pendant les incursions de l'étranger ou lors des brigandages des partis. On comprend dès lors que plus l'escarpement du sol était considérable et plus les abords en étaient difficiles, moins il fallait de fortifications et plus en sûreté était le seigneur qui pouvait quelquefois sans aucun danger attendre la fin de l'orage. Donc pendant le moyen-âge les châteaux féodaux ne furent destinés qu'à défendre la personne des seigneurs. Mais les forts qui nous intéressent, sauf quelques rares exceptions, n'occupent pas toujours le faîte des lieux où il sont situés, et, s'il en avait été ainsi, ces forts auraient complétement manqué au rôle qu'ils étaient destinés à jouer, c'est-à-dire à la défense du passage des vallées. Les armes de l'époque celtique ou préceltique, comme celles de l'ère gallo-romaine, n'avaient pas une grande portée, et si on avait toujours choisi, pour établir le château-fort, le point le plus escarpé, il eût pu se faire que l'ennemi fut passé sans encombre sous les yeux mêmes de ceux qui avaient pour mission de l'arrêter au passage.

Durant la période de calme qui suivit la conquête romaine, des personnes de condition, transformèrent en *villa* ceux de ces forts situés dans des sites pittoresques, car nous avons remarqué, d'après les traces laissées sur le sol, que les Romains avaient une prédilection bien marquée pour les beautés de la nature. Dans la suite des temps, ceux de ces forts placés dans des conditions où se trouvaient réunis tous les éléments nécessaires à l'agglomération des individus, toutes les conditions désirables de commodité et de sécurité, furent l'origine de centres de population qui existent encore de nos jours. D'autres forts placés dans de moins heureuses conditions, soit qu'ils fussent construits sur les escarpements du sol, soit qu'ils fussent trop rapprochés des centres déjà établis, devinrent l'apanage des personnes de haute condition et se sont perpétués sous la dénomination de châteaux. D'autres enfin sont devenus des fermes, des prieurés ou ont donné retraite à quelques pieux anachorètes ; quelques-uns ont complètement disparu.

. Nous avons dit plus haut que dès le principe du Christianisme, on avait placé peu à peu sous le vocable d'un saint particulier, chacun des châteaux-forts faisant partie du système de défense du passage du Luberon, mettant ainsi ces forts sous la protection divine. Cette pratique fut-elle générale ? La forme typique des forts dont nous venons de nous occuper fut-elle identique dans tous les pays des régions montagneuses ? Nous nous plaisons à le croire, et naturellement des chapelles en l'honneur du saint titulaire durent être construites dans les dépendances du donjon principal ; or, ainsi que nous l'avons reconnu dans le système d'architecture militaire de cette première époque, la tour ou donjon principal est généralement situé à l'est, et, nous concluons de cette orientation des châteaux-forts, qu'ils ont été l'origine de l'orientation des premières églises qu'on dût librement construire en dehors de toute espèce de fortifications.

Si l'on résume les principales observations que nous venons de présenter, l'on trouve en outre, et cela aussi bien pour la contrée qui vient d'être décrite que pour d'autres :

1° Qu'une grande partie des villes, des villages, des châteaux, suivant leurs positions, ont été construits en principe pour défendre et commander l'entrée des vallées, et que leur multiplicité dans une même contrée est en raison directe de l'importance du passage qu'ils étaient destinés à défendre. Nous croyons que le système doit partout s'observer ainsi dans les contrées montagneuses ;

2° Que dans ces contrées, l'origine des villes et villages a été d'abord le château-fort créé pour les besoins de la défense générale, et qu'à des époques différentes pour les uns et les autres, les populations y sont venues agglomérer leurs demeures pour les mettre à l'abri et sous la protection de la forteresse ;

3° Enfin, qu'en raison de la forme toute particulière de ces châteaux, les celtes et après eux les romains, semblent avoir eu une tactique uniforme et générale pour défendre et attaquer les places fortes.

Disons en terminant que pour une plus grande intelligence de notre étude, il est nécessaire d'avoir sous les yeux une carte du pays où sont situés les lieux qui viennent d'être décrits. C'est dans ce but que nous avons dessiné et fait autographier un extrait de la carte que vient de publier l'Etat-Major. Cet extrait que nous joignons ici donne l'emplacement de tous les points que nous venons de citer.

www.ingramcontent.com/pod-product-compliance
Lightning Source LLC
Chambersburg PA
CBHW061123050726
47594CB00005B/2071